AF339570

Etéocle Cézodri

# BIOGRAPHIE

## DE

# L. LACHAPARDIÈRE

## Artiste Dramatique

.... Il importe guère que l'on soit né
sur les sommets ou dans les profondeurs
pourvu que l'on apporte avec soi le génie
ou le talent....

JULES JANIN.

HAVRE

IMPRIMERIE ALBERT MIGNOT

16, RUE DE L'HÔPITAL

1867

La Vocation commande... L'homme doit lui obéir
dès qu'elle a parlé. Celui qui ne veut pas entendre sa
voix, se soumettre à son ordre est presque toujours
ou un lâche ou un fou. Se révolter contre la nature,
n'est-ce pas le comble de la folie?...

Il est vrai qu'il faut tant souffrir avant... d'arriver!...
— Arriver!... Voilà le grand mot aujourd'hui, le mot
de tous! — Le désespoir, les larmes, la faim, la
misère... ce sont là de bien vilaines choses que tous
n'ont pas le courage de regarder en face, et pour
*arriver*, il les faut combattre et vaincre. Hélas!
combien reculent avant d'avoir hasardé le premier
pas! — S'ils savaient, ceux-là qui refusent la lutte,
quels tourments leur réserve l'avenir!

A l'heure où commence la splendeur de celui qui
n'a pas résisté à sa vocation, le désespoir, la rage
dévorent depuis longtemps le cœur du rebelle et
déjà dégoûté de son existence parasite, de cette vie
arrachée, pour ainsi dire, morceaux par morceaux,

il appelle à chaque instant la délivrance, c'est-à-dire, la mort!... Il souffre pour n'avoir pas voulu souffrir ; il voit les jours trop longs quand l'autre au contraire les trouve trop courts et il n'espère plus qu'au delà de son tombeau, n'ayant en perspective sur terre que les ennuis, les chagrins et les remords.

Ne pas s'empresser de se croire prédestiné, mais examiner sérieusement, approfondir avec soin et sévérité l'œuvre qu'on est appelé à accomplir : voilà le problème à résoudre. La vraie vocation se révèle, tandis que les prétendues vocations ne sont que le fait de l'ambition. La grande et difficile question est de savoir discerner. S'élever et briller, tel est le rêve de l'homme. L'homme est inspiré ou par son ambition, ou par sa vocation ; est-ce l'une, est-ce l'autre? — La conscience répond sans se tromper, reste à l'écouter.

Dans les diverses classes d'artistes, celle des artistes dramatiques est celle où l'on rencontre le moins d'individus positivement nés pour leur profession. On ne peut pas du jour au lendemain se mettre pianiste, peintre, sculpteur par nécessité ; par nécessité on peut monter sur les planches : il y a de la place au théâtre pour toutes les capacités et incapacités. Cependant on doit reconnaître que l'élu dans le pénible métier de comédien est toujours un prédestiné.

L'artiste dont je vais raconter les débuts dans la

carrière théâtrale est un exemple irrécusable de l'irrésistible puissance de la véritable vocation.


# LACHAPARDIÈRE (Louis-François)

est né en 1836, à Auxerre.


Il reste dans son pays jusqu'à l'âge de onze ans ; et c'est alors qu'il suit à Paris sa famille qui le met en apprentissage chez un menuisier... Est-ce là que lui est venu l'amour... *des planches* ? — Rien ne prouve le contraire.

Lachapardière ne prenait toujours pas un vif plaisir à raboter celles (les planches) de sapin. Il disait souvent à ses camarades : « Moi, voyez-vous, les gens qui *menuisent* me *scient* et je m'amuse autrement à l'Ambigu qu'à l'atelier. » Ce n'est pas qu'il s'ennuyait si fort à cet atelier ; du matin au soir, il chantait et le patron avait à peine le dos tourné, que Lachapardière, grimpant sur l'établi, un valet à la ceinture, un ciseau à la main, se mettait en position et déclamait des tirades impro- visées, une sorte d'imitation, de parodie, des scènes les plus poignantes des drames que jouaient à cette époque les théâtres des boulevards.

A quinze ans, fatigué de la monotonie des planches trop blanches qui nourrissent le menuisier laborieux,

Lachapardière jette le rabot et la scie aux planures embrasse la profession assez peu lucrative, quoique très-libérale, de Titi Parisien. Le gamin de Paris n'est pas embarrassé de trouver de quoi se soutenir et il a parfois du superflu, mais il ne porte jamais un centime à la caisse d'épargnes, tant il est sûr, cet insouciant Gavroche, de toujours gagner de quoi payer son tabac. Il fait la queue à l'entrée des spectacles et il cède sa place à un retardataire moyennant une rétribution équitable ; il s'enrôle dans le régiment des chevaliers du lustre, la claque assure une petite solde les jours ordinaires et une assez forte prime aux premières représentations ainsi qu'aux débuts des acteurs. La claque ne fait-elle pas les étoiles, que diable !... elle mérite donc une récompense. Ce brave et fougueux Lachapardière applaudissait à s'en rompre les bras, comptant qu'un jour cette dépense de force lui serait remboursée avec gros intérêts.

Il faut croire cependant que Lachapardière n'eût pas comme Titi tout le succès auquel il s'attendait, puisqu'il quitte Paris à dix-sept ans, presque sans le sou, et se met en route, à pied bien entendu, pour le Mans, et là, se recommande à la compassion d'un oncle qui le reçoit avec assez de bienveillance. Mais il lui faut le grand air, il ne restera pas longtemps dans cette maison hospitalière. En effet, avant la fin de la première quinzaine, il se faufile dans une troupe de saltimbanques.

Lachapardière va paraître en public pour la première fois !... Oh !... Il ne joue pas encore la tragédie, il s'en tient au modeste emploi d'arlequin dans la pantomime ; il figure dans les tableaux vivants en compagnie d'un nègre, d'un serpent, de trois tigres, d'un ours à six pattes, d'un lion du désert et d'une femme sauvage ; le soir il fait des poses plastiques, et tout cela moyennant la somme extravagante de vingt sous par jour. Pour lui c'était la Californie. Sa mauvaise tête lui vaut son congé au bout d'un mois. Je m'empresse de constater que depuis elle s'est beaucoup améliorée, sa tête.

Lachapardière ne se considère pas comme battu. Un escamoteur lui tend les bras, il s'y précipite, ivre de bonheur. Il touche du doigt la réalisation de son rêve d'artiste. Il va parler devant le public, il n'a fait encore que figurer. Aussi il en perd le sommeil. Il est maigre comme une peau de tambour, et cependant il est si heureux qu'il trouve moyen de maigrir davantage. L'escamoteur le commet au soin d'attirer la foule.

LACHAPARDIÈRE est PITRE ! ! !

On conçoit son ivresse, il ne se possède plus de joie. Il débite des calembours et il reçoit les soufflets et les coups de pied... les agréments ordinaires du métier de paillasse.

A la foire de Châteaudun, il monte d'un degré. Il chante, annoncé comme simple amateur. — *Le Beau Nicolas* est sa première création.

Ensuite il s'enrôle dans une troupe ambulante composée de quatre personnes. Cette troupe allait à pied, à l'instar des pélerins, et chaque artiste portait sur son dos sa garde-robe et... ses trésors ! A ce moment Lachapardière gagne vingt-cinq centimes par jour, logé, nourri et blanchi. On le fait débuter à Nogent-le-Rotrou, dans le petit rôle de *Décius* de « *L'Enfant de la maison,* » vaudeville en un acte. Par exemple, ce fut une chute, une catastrophe mirobolante. En vain le directeur vient-il réclamer l'indulgence pour son jeune et inexpérimenté pensionnaire ; les spectateurs, gens paisibles pourtant, sifflent, crient... Bref, ce fut une tempête effroyable, à la suite de laquelle, jugeant sans doute prudent de déguerpir, Lachapardière prend résolument ses jambes à son cou.

Il tombe au milieu d'une famille M...., des comédiens forains; comme on ne peut trouver moyen de l'utiliser sur la scène, on le charge de la garde des enfants.

LACHAPARDIÈRE... NOURRICE !...

Quelle dégringolade !!!

Il écume le pot, décrotte les carottes et les navets,

˙casse la vaisselle, lave le bois... c'est-à-dire, casse le bois, lave la vaisselle, et fait en un mot les fonctions de domestique.

Son rêve lui échappe ! il s'y cramponne avec la fureur et le désespoir d'un homme qui va se noyer. Lachapardière s'empresse de se séparer de la famille M.... pour s'implanter dans une troupe de chanteurs errants qui s'en allaient l'un tirant l'autre, tirant la langue, et donnaient des concerts dans les granges des villages qu'ils visitaient. Il reste trois mois avec ces chanteurs.

Ensuite on le voit dans le Midi organisant seul des soirées dramatiques, exploitant les hameaux, les bourgades ; il vivote pendant deux mois de ce pénible métier qui certes ne lui rapportait pas de quoi se payer le luxe de quelques londrès par jour.

Puis pendant une quarantaine de jours il siége sur le haut de la voiture d'un charlatan. Il bat la grosse-caisse pour un arracheur de dents et de cors aux pieds. Notez en passant cet étrange rapprochement auquel il faut sans doute attribuer le profond dégoût dont fut pris alors le pauvre Lachapardière pour l'art dramatique. En effet il renonce au théâtre!... Son rêve lui re-glisse dans les mains, il le maudit et reprend tout contrit, *l'œil morne et la tête baissée*, la route de Paris.

Chemin faisant, il rencontre à Montpellier un entrepreneur de représentations théâtrales, un nommé

T... qui l'engage pour jouer la comédie dans les foires des petites villes, et cela, moyennant le logement, la nourriture, le blanchissage et vingt francs par mois.

Lachapardière aborde de suite les premiers rôles, il joue pour son début *Arthur Disnard*, de *La Tache de Sang* ; voilà un titre qui promettait et semblait annoncer ce que deviendrait le jeune acteur. Puis il se montre successivement dans *Pauvre Jacques*, — *L'aumônier du régiment*, — *Bruno le Fileur*, etc.

Non satisfait encore de ce premier succès, Lachapardière, obéissant à un petit mouvement de vanité, monte une troupe à son compte et va, de village en village, cueillir de nouveaux lauriers ; il n'aimait déjà pas à collectionner les couronnes fanées.

Il eut assez, après deux mois d'exercice, de la profession de directeur-acteur.

A ce moment, une assez bonne troupe d'arrondissement vient à perdre son jeune premier, Lachapardière le remplace avec un traitement de soixante francs par mois pendant une première année ; réengagé pour une seconde année, il lui est alloué quatre-vingts francs.

Il se fait applaudir à Angoulême, à Poitiers, à Périgueux.

En 1857, Lachapardière revient à Paris. Un correspondant lui procure un engagement de premier rôle pour Colmar. Il n'a alors que vingt-un ans, .et il gagne cent vingt francs par mois. Il commence à se consoler de ses souffrances, de ses mauvais repas : il dort maintenant sur un lit plus doux !... Menuisier ou simple gavroche, il n'eut jamais espéré une aussi brillante position.

C'est à Colmar qu'il crée le rôle de *Pierre*, du *Naufrage de la Méduse* et le *Courrier de Lyon*, son plus beau succès.

Profitant d'un petit congé, il va rendre une visite à sa ville natale. Naturellement il ne veut pas quitter ses concitoyens sans leur donner une représentation, et l'affiche annonce : **Cartouche**, *avec le concours de* M. LACHAPARDIÈRE, *enfant d'Auxerre.*

Je laisse à penser si la salle fut pleine ce soir-là. Tous les parents, les amis de l'heureux artiste se gardèrent bien de manquer une si belle fête ; on s'était donné rendez-vous au théâtre. Inutile d'ajouter qu'on a refusé des places. — Jusque-là, rien de très-extraordinaire. Mais voici le plus beau. A son entrée en scène, comme notre Lachapardière était grimé, personne ne le reconnaissait ; contrarié de n'avoir pas été salué à son apparition par *une quadruple salve d'applaudissements, des tonnerres de bravos,* ainsi que cela se pratique en de pareilles circonstances, le bon *Cartouche,* s'adressant directement au public, au lieu d'interpeller les voleurs qui étaient en scène, s'écrie : « Eh bien! — (la phrase du reste est dans le rôle) — Eh bien!... les amis!... n'est-on pas content de me revoir ? » Il eut le bonheur d'être compris et tous alors de lui répondre *en chœur* . « Si!... si!... très-bien!... très-bien!... bravo!... bravo!... » Les applaudissements arrivant en retard, n'en furent que plus frénétiques.

Au deuxième acte, au milieu d'une fulminante tirade, une tante de l'artiste, assise aux premières galeries, se lève subitement et s'écrie dans un sublime élan d'enthousiasme : « Oh!... j'aurions jamais pensé qu'j'avions un neveu comme çà!... Est-il assez beau ! » Approbation de toute la salle.

L'année suivante, Lachapardière obtient de très-grands succès à Dijon ; il avait signé un engagement de deux cents francs par mois. Le rôle d'*Andrès*, des *Pirates de la Savane*, lui a valu à Dijon une réputation qui a failli éclipser celle de la moutarde. C'est drôle qu'on ne peut jamais parler de moutarde sans nommer Dijon, et citer Dijon sans rappeler sa moutarde.

Il quitte Dijon pour aller à Metz, où il est très-aimé, puis à Angers.

*Le Bossu* eut à Angers *dix-huit* représentations, en partie grâce à Lachapardière. La création du rôle de *Lagardère* fut pour lui un triomphe éclatant qui vient d'avoir une brillante réédition au Havre sur la scène du Théâtre Napoléon, où il avait paru pour la première fois à côté de mesdames Tisserand et Déborah, le 6 septembre 1862, dans *Les Frères de la Côte*.

C'est sous la direction de M. Juclier qu'il fut engagé en qualité de premier rôle en tous genres, au théâtre Napoléon. Dès son premier début, il a conquis les sympathies du public havrais. Les galeries du théâtre retentissent encore des foudroyants applaudissements qui furent prodigués à Lachapardière pour tous ses rôles, entre autres les créations qu'il fit dans *César Borgia* et dans *l'Ange de Minuit*.

En 1863 il quitte le Havre et n'y revient qu'en 1866.

Pendant cet intervalle, il a occupé avec beaucoup de distinction l'emploi de premier rôle sur les théâtres de Nîmes et d'Alger où il a laissé de magnifiques et honorables souvenirs.

Les journaux d'Alger, lors de la première représentation du *Lion Amoureux* ont fait le plus flatteur éloge de l'artiste qui avait représenté le conventionnel Humbert ; cet artiste n'était autre que Lachapardière.

Engagé pour l'année théâtrale 1866-67 par M. Chauoux, Lachapardière, *l'âme* du théâtre Napoléon, est l'idole de son public qui l'adore avec juste raison, car jamais engouement pour un artiste ne fut ni mieux justifié ni plus mérité.

Lachapardière ne joue pas que le grand drame ; il s'est aussi essayé dans la comédie et il a réussi. Dans *le Supplice d'une Femme* et dans *les Femmes Terribles*, il s'est montré sous l'habit noir aussi bon comédien que sous le manteau rouge d'*Otto* et les haillons de *Don César*.

Voilà l'homme et sa vie jusqu'à ce jour, 31 janvier 1867.

On voit par quelles privations, par quelles cruelles péripéties il a passé pour arriver au rang qu'il occupe à l'instant où j'écris ; les couronnes du public sont une juste compensation aux souffrances de ses jeunes années.

*L'adversité souvent est une heureuse école.*

Passons à l'artiste. Une courte appréciation de son talent ne sera pas déplacée à la fin de cette rapide biographie.

Je ne sais plus quel auteur a dit : « La nature n'est pas moins avare de grands acteurs que de grands poètes. On n'est pas grand acteur sans réunir au plus haut dégré les qualités les plus rares du cœur et de l'esprit, sans posséder la sensibilité la plus profonde et l'intelligence la plus étendue. Pour exprimer par le geste et par la voix les passions humaines, il faut autant de génie que pour les exprimer par le discours. L'art de l'acteur est aussi ancien que l'art dramatique. Les premiers drames furent composés par les acteurs eux-mêmes. Thespis improvisait ses farces sur le tombereau où il les représentait.»

Voilà un passsage qui devrait donner un peu à réfléchir aux ennemis du théâtre.

Cicéron qui aimait fort Roscius, le Talma de Rome, a dit de cet acteur «qu'il lui plaisait tant sur le théâtre qu'il n'aurait jamais dû en descendre, et qu'il avait tant de vertu et de probité qu'il n'aurait jamais dû y monter. » L'illustre orateur avait tort ; il n'était pas digne d'un aussi grand génie de se faire l'esclave d'un sot préjugé, préjugé qui était toutefois excusable à cette époque puisque les acteurs étaient presque tous des esclaves.

L'acteur est un véritable artiste comme le peintre, le sculpteur, le poète !... On le juge. S'il a du talent, son nom reste à jamais connu et célèbre ; on cite encore, on citera toujours Polus, Théodore, Esopus, Roscius, Baron, Lekain, Larive, Talma, Kean, Olde-field, Garrick, Adrienne Lecouvreur, Dumesnil, Duchesnois, Mars, Rachel, etc., etc...

Et cependant après sa mort que nous reste-t-il d'un acteur ? — Son nom !... Et c'est assez !... On ne l'oublie pas.

En continuant à marcher dans la voie du progrès avec autant de rapidité qu'il s'y est avancé depuis ses premiers pas dans sa carrière théâtrale, Lachapardière, les circonstances aidant, deviendra avant peu une gloire de l'art dramatique ; il a pour lui la jeunesse, l'énergie et le feu sacré.... L'avenir lui sourit.

Avec une voix bien timbrée, une diction juste, ferme ; des allures ouvertes et naturelles, une sensibilité parfaite, un jeu sage et brillant à la fois ; de la distinction, un visage expressif, de la chaleur, — on a des chances pour devenir un grand comédien, et Lachapardière a tout cela. Il empoigne le spectateur, il le tient, pour ainsi parler, suspendu à ses lèvres.

Lachapardière a ce qu'on appelle au théâtre « une nature. » On peut lui confier une création ; ou il se trompera tout à fait, ou il réussira complètement. De la persévérance, de l'étude et un peu de bonne fortune, voilà ce qu'il faut à cet excellent artiste pour voir bientôt l'apothéose de son beau rêve.

Son camarade M. L. Péricaud lui a fait, — dans une très-spirituelle petite brochure intitulée : *Voyage à travers le Théâtre,* — l'hommage de ce gentil quatrain :

> Dans l'*Ange de Minuit,* la maison de ton père
> Fut vendue et pourquoi ?... Faute d'un seul thaler.
> Lorsque le lendemain, tu le dis à ta mère,
> Tu fus forcé d'y mettre : Oui, *l'achat part d'hier.*

Je ne saurais mieux terminer qu'en répétant avec M. Jules Janin :

« Il importe guère que l'on soit né sur les sommets ou dans les profondeurs pourvu que l'on apporte avec soi le génie ou le talent..... »

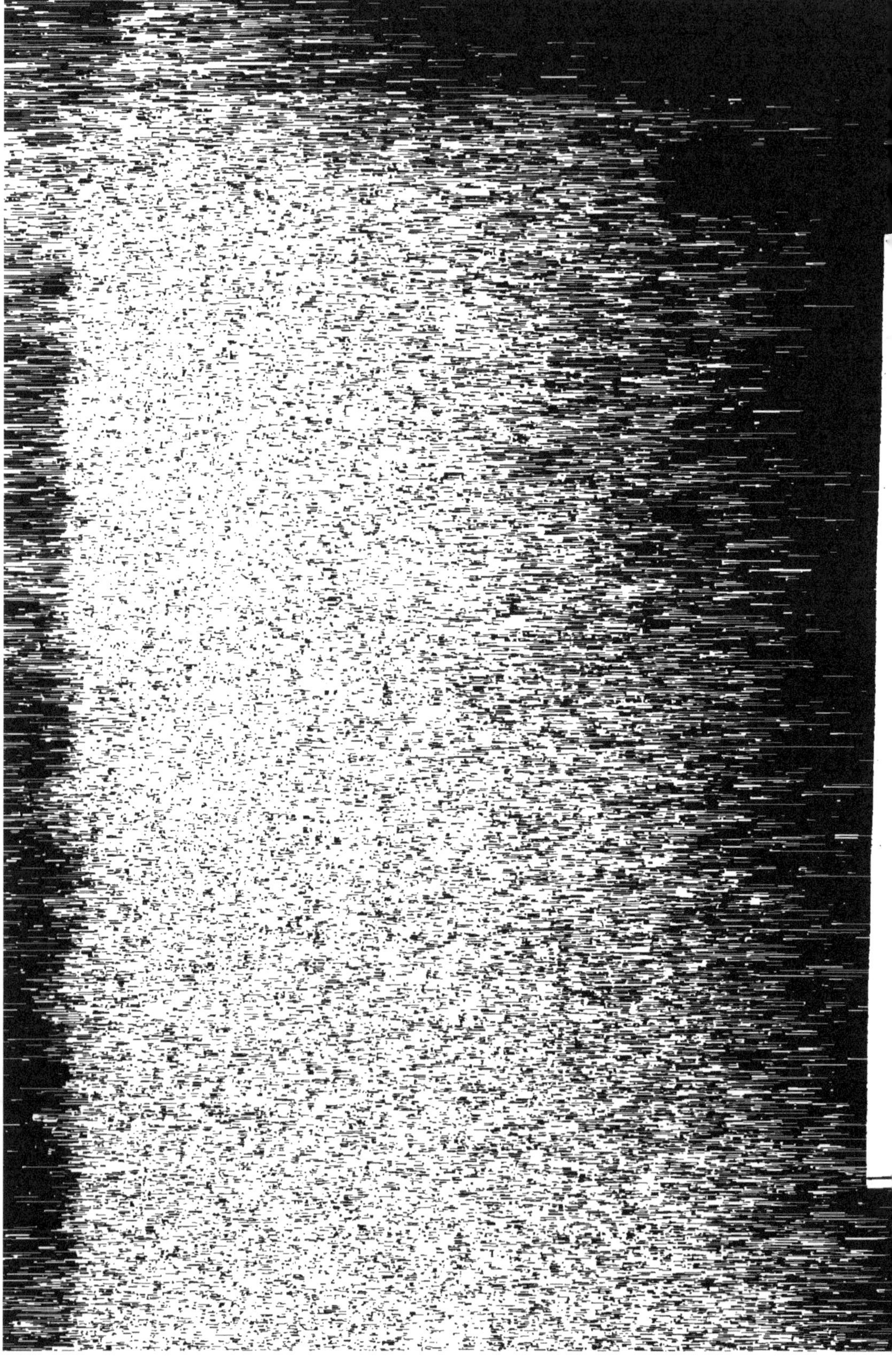